Walden Partners Neue Reihe

Harald Alard Mieg

Kalmücken

Theaterstück

Walden Partners Neue Reihe

Druck und Vertrieb: tredition GmbH, Hamburg

ISBN
Paperback: 978-3-9819965-2-4
e-Book: 978-3-9819965-3-1

Walden Partners, Verlag von Schröter + Mieg GbR, Berlin

Cover (Plakat 1990): Dr. Stephan Vogel, Frankfurt

© 1990/2018 Harald A. Mieg

Harald Alard Mieg

KALMÜCKEN

Theaterstück in 2 x 8 Szenen

für U. und B.

Erstaufführung am 17. Mai 1990,
Compagnia Palatina Mannheim,
Regie: Thomas Butz

Personen

H = Hildegard B   Geschäftsführerin eines
                       Unternehmens der Be-
                       kleidungsindustrie

M = ihre Mutter

T = Theta   Subchef

geistig Behinderte

G = Gast

Z = ZZZ   Künstler

F = Franz von Hagen   von Hildegard B ge-
                       schieden

Subchefs   darunter: Iota, Kappa,
                       Lambda, Sigma

P = Professor   Psychotherapeut

Szenen

Der Ort ist Mannheim, Ende der 1980er Jahre, ein Durchgangsraum im Haus von Hildegard B. Die Einrichtung besteht aus einem Telefon und mehreren mannshohen künstlichen Palmen.

Es können, wenn nötig, manche Rollen von demselben Schauspieler gespielt werden. Zum Beispiel:

Mutter = Behinderte A = fünfter Behinderter

Theta = vierter Behinderter

Gast = zweiter Behinderter = Iota

ZZZ = dritter Behinderter = Lambda

Franz von Hagen = sechster Behinderter = Behinderter B = Behinderter C = Sigma

Professor = erster Behinderter = Kappa

Tempo: andante

ERSTE FOLGE

I   ANONYMER ANRUF

<u>Dunkle Bühne, d.h. es ist dunkel im Durchgangsraum. Das Telefon klingelt. Hildegard B erscheint im Abendkleid. Sie ist eine elegante Frau um die Vierzig, herb und streng im Ausdruck. Sie macht Licht.</u>

H   ja, wer spricht? <u>auflegend</u> nichts

<u>Sie will gehen, da läutet es erneut. Sie zögert.</u>

H   ja - wer sind Sie? - sagen Sie doch - nur ein - ein Wort - bitte - ist da jemand? ich höre doch wer Sie auch sein mögen, ich werde nicht <u>beginnt zu lachen, anfangs um sich zu ermuntern. dann voll Angst</u> Meierhofer? nein? ich bin hier, bin zuhaus und nichts und niemand -

<u>Sie legt wieder auf.</u>

H   so macht man sich lächerlich <u>im Abgehen</u> beginnt so die Ohnmacht?

I I BEKENNTNIS

Mutter, an den Rollstuhl gefesselt, erscheint. Siebzigjährig hat sie bereits ein Leben voll Arbeit und vergangenen Hoffnungen hinter sich. Sie lacht nicht, damit jeder sieht, dass sie gelitten hat. Sie führt eine Illustrierte mit sich.

M   Tag für Tag geister ich durch die Räume dieses Hauses. Immerzu starre ich die weißen Wände an. Bis sie auf mich zukommen und mir das Atmen schwer wird. Dann wechsle ich schnell in einen anderen Raum. Es ist kein rechtes Leben im Haus. Es ist so still. In so ein Haus gehören Kinder, viele Kinder. Aber so ist es so gut wie tot.

Früher, viel früher, als noch nicht Krieg war, da war es noch einfach. Da wusstest du, wohin du gehörtest, denn da war deine Stadt, dein Land und deine Familie. Früher gab es noch eine Zukunft - aber der Krieg. Und mit einem Mal war es auch aus mit aller Vergangenheit, mit der Vergangenheit derer, denen du dich zugehörig fühltest. Heut fühlt sich jeder für sich. Aber was könnte irgendeiner da noch fühlen?

Mein Vater war Schneider in Kolberg, sein Vater und Großvater waren es bereits gewesen. Alle sind wir Schneider, gute Schneider. Zu meinem Großvater kamen die feinen Damen aus Berlin angereist, um sich bei ihm ihre Kostüme nähen zu lassen. Und Vater besaß ein kleines Unternehmen - aber der Krieg. Alles verirrte sich, und meine Tochter ist's noch heut. Was sollen wir in Mannheim?

Aber was. was wenn es zu einer Art Gericht kommt? Wenn gefragt wird: wie heißt du? und mancheiner wird nicht einmal mehr seinen Namen wissen, sondern nur "ich" sagen können, also gar nichts. Und wenn dann gefragt wird: wo ist deine Geschichte? wird er nur einen armseligen Rest Vergangenheit vorweisen können. Und alle Vergangenheiten, die so prächtig aussahen, werden falsch sein, nicht mehr als Dichtung. Und heißt es: zeige deine Zukunft! so wird auch sie falsch sein, denn sie war ja nicht Zukunft einer richtigen Vergangenheit, sie war nur Selbstbetrug. Dann müsste sich so mancher sagen lassen: deine Geschichte haben andere für dich gemacht, du warst darin nur Nebenfigur.

Vielleicht hilft bereits, an solch ein Gericht zu glauben; wo nur denen der Tod gewährt wird, die ihre Geschichte vorweisen können. Die anderen werden dazu verdammt, wieder und wieder zu leben, bis aus ihrem Leben etwas wird. Es reicht alt zu werden, wer will da ewig dasein?

Mutter fährt zurück, woher sie gekommen ist.

III RENDEZVOUS

Hildegard B, elegant, verabschiedet Theta. Theta leicht verschwitzt. Theta spricht mit slawischem Akzent. Man hält sich in gewissem Abstand zueinander, beide in Gedanken bei Johnny.

H möchtest du nicht noch - ?

T oh -

H ich habe

T es ist -

H wie das letzte Mal?

T wie das letzte Mal

H holt Drinks.

H ja

T du siehst

H danke

T dein Kostüm, doch -

H zwovierundachtzig, nicht gerade -

T was ist schon neu?

H erspar uns das, Theta, ich möchte -

T könnten wir nicht - ?

H   was soll ich tun?

T   aber - ?

H   nein, ich meine

T   immer nur fünf Minuten, fünf, meinst du nicht - ?

H   du verstehst mich nicht, ich kann -

Etwas wie Winseln vernehmbar.

T   da

H   nichts

T   aber -

H   von draußen

T   von draußen?

H   von draußen

T   ich versteh nicht, warum - ?

H   deine Frau, Theta, aber ich, ich für mich allein, ich muss -

T   meine Frau, meine Frau - wir beide, könnten wir nicht - ?

H   etwas für richtig halten, das ist wie die Wahl des passenden Abendkleids, für irgendeins muss man oder meinetwegen: frau sich entscheiden -

T   wenn ich ehrlich bin, ich -

H   du musst es fühlen, Theta, wer nichts mehr

fühlt, so leer wie meine Mutter -

T   manchmal, da -

H   wenn du nicht willst, oder wenn ich, ich nicht will, nicht zustimme, es nicht für gut halte -

T   du meinst - ?

H   jeder entscheidet für sich, nur für sich

T   wir können doch miteinander, ohne -

H   und doch kann jeder es nur in seinem Innersten wollen, selbst bestimmen, ich leide ja auch allein

T   hast du vergessen, es gab Augenblicke - ?

H   wer will sich schon vergewaltigen lassen?

T   wer? wen vergewaltigen? du als Frau -

H   lach du nur

T   verzeih

H   Tschaikowski

T   der war Russe und schrieb gern Briefe

H   du hast nichts verstanden, auf was es ankommt -

T   du meinst, mit jemandem wie mir -

<u>Winseln</u>

T   ich glaub, am besten - <u>will sich zurückhalten lassen</u>

H   versprich mir -

T   gut, ich geh jetzt

H   gut

<u>Nach einem Zögern geht T.</u>

H   scheiße!

<u>Winseln</u>

H   <u>hinauseilend</u> Johnny!

I V MUTTERLIEBE

Aus einem angrenzenden Raum:

Stimme Hildes sag Mama zu mir!

männliche Stimme ild, ild

Stimme Hildes sag Mama zu mir, bitte!

männliche Stimme, heiter ild, ild

Stimme Hildes sagst du Mama zu mir, sonst muss ich dir wehtun

männliche Stimme ild, ild

Stimme Hildes sagst du Mama zu mir!

Inzwischen ist Mutter erschienen. Hildegard B in neuem Kleid stürzt aus dem Raum.

H   ich kann nicht zur Mutter, die sich entfernen will du belauschst mich!

M   wie du dich aufführst, ist unüberhörbar

Mutter will sich entfernen.

H   hat das Telefon geläutet?

M   nein

H Johnny hat bald Geburtstag, ich werde ein Fest für die Behinderten geben.

M besser du ließest Johnny hinaus

Es beginnt ein ritualisierter Streit ohne wirkliche Aufregung.

H du willst sagen: ich enthalte ihn dir vor

M ich wüsste nicht, warum er etwas Besseres sein sollte als andere; er ist geistig behindert

H er ist so einfach, darum hasst du ihn, behindert müsst man sein! - leider trifft's immer die Falschen

M er hat's leicht, gut zu sein: er tut ja nichts. Johnny ist eine reine Seele, wie kann die gut sein? oder schlecht? eine reine Seele ist rein gar nichts

H behindert ist eben behindert, so denkst du, sowas hat auch keine Zukunft

Mutter will sich entfernen.

H läutet's?

M was ist dir?

H was soll ich tun?

M wenn dein Vater -

H nein, entschuldige, das meine ich nicht

M wenn du dich aus allem herausnimmst und tust, als gäb's nur dich, wie ein Wort aus einer Geschichte gerissen, dann ist es kein Wunder, dass du nicht mehr weißt, was du sollst von wegen Selbstbestimmung - ja, ich weiß, du meinst, ich plappere nur nach

H du willst mich nicht verstehen, verstehst ja Johnny nicht

M gib ihn fort, irgendein freundliches Heim für cerebral Geschädigte

H <u>schreit auf</u> nie nie nie! das ist mein Kind!

M das wolltest du mir also sagen! brauchst einen Grund, Johnny versteckt zu halten, dazu das Theater

H du glaubst, ich wäre keine gute Mutter für Johnny, ich würde ihn verkommen lassen; was hat er davon, wenn er lesen kann? dann liest er, wie schlecht die Menschen geworden sind, ja schlecht!

M eine Familie gehört zusammen

<u>Mutter will sich entfernen.</u>

H er ist mehr Mensch als ihr es seid, ihr die Ungehinderten, allesamt Erziehungswracks, Schrott, die ihr nicht besser seid als eure herausgeputzten Autos, nur beschädigter und innerlich faul; Johnny ist Opfer - die Behinderten, das seid ihr!

M Hildegard, du beschimpfst deine Mutter

H schlimm genug - und was hilft's?

M heul nicht gleich wieder

H   ich heule nicht

M   reicht nicht, wenn du Johnny opferst?

H   du, wenn du, du

M   ich seh's: gleich heulst du wieder

H   du <u>kämpft mit den Tränen</u> du - <u>läuft heulend hinaus</u> Johnny!

V   FEIER FUR BEHINDERTE

Die geistig Behinderten erscheinen und wissen nicht weiter. Man hat eine große Papiergirlande mitgebracht. Hildegard B erscheint in neuem Kleid. Die geistig Behinderten sprechen alle Mannheimer Mundart.

H   hallo

Man beachtet sie nicht weiter. Manche der Behinderten sind mit lieb- und geschmacklosen Mützen bekleidet. Hildegard B scheint daran Anstoß zu nehmen. Sie versucht der Behinderten A deren Mütze zurechtzusetzen. Die Behinderte A schreit auf.

Behinderter B duh nid blärre er tröstet die Behinderte A

H   bevor es losgeht, möchte ich eine kleine Rede halten - ich freue mich -

1. Behinderter verkündend Mir gehe Hoor schneide.

Der zweite geistig Behinderte gurgelt. Er sitzt im Rollstuhl.

H   zum zweiten geistig Behinderten wie bitte?

3.B selle Gschischd vunne Seele

H   ich weiß nicht -

Inzwischen ist der vierte geistig Behinderte erschienen und hat stumm einigen der Behinderten die Hand gegeben, nun auch Hildegard B.

H   hallo

Vierter geistig Behinderter verschwindet stumm.

5.B gudn Daach

Lawinenartig wird nun von allen anderen Behinderten - außer dem dritten - das "gudn Daach" wiederholt. Hildegard B erwidert hier und dort mit "guten Tag".

H   ich wollte eigentlich - nun: "Es war ein Raubritter, der hatte eine gute Seele. Mit ihr überwarf er sich schrecklich. Eines Tages jagte er sie fort. So irrte die Seele -"

5.B falsch

Einige andere wiederholen es.

3.B korrigierend Da weende se bidderlisch.

H   auf die Worte kommt es nicht an - "jagte sie fort. Da weinte sie bitterlich und wurde bleich von ihren Tränen. So bleich, dass sie durchsichtig wurde. Nun stießen sich die Leute auf der Straße an ihr, weil sie sie nicht sahen, und schimpften. Die arme Seele schmierte sich

5.B falsch

Die meisten anderen wiederholen es.

1.B quengelnd Mir gehe Hoor schneide!

H   <u>ärgerlich</u> jaja - wenn ihr nicht -

<u>Der zweite geistig Behinderte gurgelt. Hildegard B blickt fragend den dritten Behinderten an.</u>

3.B gibsch Kuche?

H   ja, guten Kuchen "Die arme Seele ließ sich in den Morast sinken und schmierte sich von oben bis unten ein. So sähe man sie wenigstens. Die Leute riefen -" <u>zu dem zweiten Behinderten</u> ja auch viel Kuchen <u>der zweite Behinderte strahlt, die anderen beginnen zu lärmen</u> "Die Leute riefen nun bei ihrem Anblick: was für eine schmutzige Seele! " - ach ihr

<u>Es wird still.</u>

H   Irgendwann ging den Menschen die Seele verloren. Sie vermissen sie nicht, das ist das Schlimme.

3.B Kinnerkram - lernschd mer englisch?

H   englisch?

3.B isch ka im Hodel arweide

H   im Hotel? aber -

3.B isch brach blosch englisch kenne

<u>Inzwischen haben sich der erste Behinderte und einige andere in Richtung auf eine bestimmte Tür zubewegt.</u>

H   ich wollte eigentlich -

1.B Mir gehe Hoor schneide.

H ach hör doch auf mit deinem scheiß "Haare-schneiden"!

3.B dumm bleibd dumm

Das Telefon klingelt.

5.B Delefon!

Einige andere wiederholen es.

H seid doch mal vernünftig!

Der Behinderte C hat abgehoben und horcht in die Hörmuschel. Hildegard B reißt ihm den Hörer aus der Hand.

H gereizt ja - ich wechsle nur den Apparat

Inzwischen ist der vierte Behinderte erschienen. Er gibt denen, die er zuvor noch nicht gegrüßt hat, die Hand. Hildegard B geht.

H zum ersten Behinderten entschuldige

Die Behinderten folgen dem vierten durch die Tür, vor der der erste Behinderte bereits gewartet hatte. Einer ruft "alla". Musik wird hörbar, die Melodie ist "muss i denn, muss i denn ... ".

V I PARTY

Aus dem Nebenzimmer Partylärm. ZZZ und Gast erscheinen, Gläser in der Hand.

Z   und riecht nicht einmal

G   wer?

Z   der Rhein!

G   sollte er?

Z   der Schmutz nimmt zu!

G   sowas fließt dahin

Z   es stinkt, der Rhein dünstet aus, nur keiner nimmt es wahr

G   Märchen

Z   er stirbt dahin

G   ein Fluss stirbt nicht, nicht so; ein Fluss fließt, und solang er fließt, ist er nicht tot

Z   der Rhein stirbt innerlich, er stirbt an seinen Leichen

G   der Rhein hat schon manch andres überlebt: tote Römer, tote Katholen, tote Franzosen - wenn die alle heut noch stinken würden -

Hildegard B, in neuem Kostüm, folgt nach.

H Vater Rhein - are you the teacher of my heart

Z "Vater Rhein" - bäh

H just sentiments - heut wohl den Sabberlatz in der Fruchtwasserbox gelassen?

G er baut ein Müllbild, gotisierend

Z Mannheim am Rhein

H na dann, so ein Motiv verlangt einen Künstler - und Sie?

G ich?

H nun, Sie wissen doch immer - ich wollte Sie eigentlich fragen - damned

Z Madame, der Rhein führt den Tod mit sich

H es sind noch Artischockendips da, Zet-zet-zet

G ZZZ - im Telefonbuch ganz hinten

H ts-ts-ts, seien Sie nicht albern, Mann - die Zeit vergeht, man müsste etwas tun

G es geschieht so manches

Z aber nichts Großartiges, Madame deklamiert: Doch zu einer Zeit, als Rhein und Neckar sich nicht in Mannheim, sondern viel weiter im Norden trafen als heut, da ging ein Gott übers Land

G einmal mehr

Z   war Gott und Krieger und kam, das sieche Leben zu erneuern ...

H   Zet-zet-zet -

Z   ... kam an einen Strom, so gewaltig, dass die Ufer der anderen Seite hinterm Horizont versanken. Braun waren seine Wasser, denn Wälder, ganze Länder waren darin ersoffen

H   o God

Z   der sprach zum Strom: du Tier, du stinkst, sagte er ...

G   Atrazin!

Z   ... ha, dich werd ich mir dienstbar machen. Er stieg weit in den Fluss hinein, er wollte einen Stier opfern, damit mit dem Wasser des Flusses das Blut in den Myriaden seiner Arme, die wie Adern sind, neues Leben in den verderbten Leib bringe. Doch wie er grad das Vieh bei den Hörnern packt und den Kopf abhaut, grad im Augenblick, da der Schädel fällt und das heiße Blut sich ergießt - Madame, Sie langweilen sich -

H   tun Sie nicht so, ZZZ - und was sagen Sie?

G   Hochwasser, der Fluss führte Hochwasser, das verschwand wie nichts, und der Gott - naja - stand auf dem Trockenen.

H   wohl eine Frage des Forschungsstands

Z   Aber fern wand sich der Strom in seinem Bett, und das heiße Blut verbrannte die Erde.

H o God - Männerblutungen!

Z Der spie, spie; denn der kleine Fluss, so wusste er ...

G der Neckar, wenn man so will

Z würde hündisch verfressen sogleich seinen Lauf ändern, weil der die Spucke riecht und alles frisst was feucht und herrenlos ist. So kam's. Der feige Hund wurde nach Süden verschlagen. gezwungen, unentwegt das Blut fortzuspülen.

G naja, Tatsache ist, dass der Neckar erst im späten Pleistozän die Granitschwelle bei Heidelberg durchbrach und so seinen Lauf Richtung Süden änderte.

H im Pleistozän? neckisch - und sagen Sie, oder sagen Sie besser nichts, nicht das, nicht jetzt, hier scheint nicht der Ort dazu -

Z wo keine Geschichte ist, Madame, nehmen wir uns die Freiheit. eine zu erfinden

H ZZZ, schön, dass Sie auch einmal zuhören. obwohl ich kann Ihnen das nicht übelnehmen

G das Wesentliche, wenn Sie das meinen, bleibt so und so abwesend; nur, man unterhält sich damit schlechter

H spöttisch ist das von Ihnen?

G ich habe unlängst ein Buch über kynische Philosophie -

Z   es geht auch weiter: Weil nun ein Hund seinen Herrn braucht ...

H   und sei der Hund auch ein Fluss

Z   ... wollte der Gott ihn unter Aufsicht stellen und rief einen Wächter und ging.

H   sicher wieder ein Mann

Z   warum nicht? ein Mann

G   Mann - Mensch - aber "Menschheim" würde sich irgendwie nicht anhören

Franz von Hagen ist erschienen.

F   bin grade recht, wie mir scheint: die Gäste, Sie beide, erzählen wieder G'schichten?

Z   Franz, mein Freund!

F   'n Abend, guten Abend, hallo

G   guten Abend, Herr von Hagen

H   und? war es nötig - ?

F   man wird nicht jünger, meine Liebe

H   du kannst kommen, wann du willst, du kommst unrecht - du hast getrunken

F   mit Verlaub, das übergeht man - aber was sag ich: einer ist immer der Dumme

G   ich glaube, es waren noch Artischockendips da, ZZZ

Z   im Gehen sagen Sie, was halten Sie von einem

Peugeot 205, fünf Jahre alt?

G   <u>im Gehen</u> Rost

Z   die Federung! die schluckt alles! aufgeräumtes Armaturenbrett, und der Motor, der zieht durch!

G   Rost

<u>G und Z ab</u>

H   Franz!

F   so ein kleines Gläschen

H   ich bitte dich: geh!

F   die feine Dame, Hochmut, hohle Eitelkeit, ihr ganzer Ehrgeiz geht auf Selbstdarstellung: du bist nichts, wenn du nichts scheinen kannst, du führst dich vor, so wie man Kleider vorführt

H   echauffier dich nicht, es reicht, allez-y Monsieur, bitte

<u>Hildegard B ab</u>

F   <u>nachrufend</u> Johnny ist auch mein Kind!

VII KONFERENZ

Hildegard B, in neuem Kostüm, erscheint mit all ihren Subchefs, Iota, Kappa, Lambda, Sigma und Theta. Man ist im Aufbruch.

T   übrigens - übernehmen wir nun LePoulet? steht die Finanzierung?

S   schuld sind die Gewerkschaften

K   wenn ich etwas dazu sagen darf: bei uns sind die Gewerkschaften doch ziemlich leise

L   LePoulet, das ist Seebäderchic, Mädchenpensionat, Null raffinement, nul, etwas, huch, Transparenz möchte man doch

I   LePoulet, das Hühnchen, was ist denn das für ein Name? wer damit wirbt, stirbt schnell, das sagt mir meine Erfahrung

H   Dann lassen Sie sich etwas einfallen, Iota, um das Hühnchen am Leben zu halten. Sie sollen mir es nicht rupfen, sondern trendstylen, sagen Sie das Ihren Jungens von der Werbe! also, wir kaufen Namen und verkaufen Mode, unsere Hausphilosophie werde ich Ihnen wohl nicht beibringen müssen?

I   bin lang genug im Geschäft, für Modethemen verkaufen wir sogar unsere Mütter, oder?

L   und Schwestern, huch

H   Fein, fein, bei uns hat jeder Verständnis für jeden. Was die Gewerkschaften angeht, werde ich mal jemandem von der Deutschen Bank oder einem Politfuzzi auf die Füße treten - oder fällt Ihnen etwas dazu ein, meine Herren? <u>Stille</u> Inspiration, meine Herren! <u>kurze betretene Stille</u> fällt keinem etwas ein?

<u>Alle Subchefs</u> doch, doch

T   nun ...

S   Sicherheitsbestände sind am Ende der Saison nur mit hohen Abschreibungskosten abstoßbar, wir sollten auf passive Veredelung setzen, die Personalnebenkosten...

H   Sigma, ich hoffe wirklich, dass ihr vom Rechnungswesen mit der neuen EDV endlich den Arsch hochkriegt

<u>T lacht.</u>

K   wenn ich mir eine Bemerkung erlauben darf: das Geschäft ist knallhart

L   bah, knallhart, sieh da die strenge und doch verpönte Hosenlinie, wie schnöd, wenn Sie nur einen Hauch von Geschmack hätten, Kappa

K   was dann?! muss ich Sie erst darauf aufmerksam machen -

L   süß, wie er sich aufregen kann! guter Geschmack, mein Lieber, ist nun mal kein Zufall

K   Ihre unqualifizierte Bemerkung ist totaler Mist; etwas Menschenkenntnis kann man von Ihnen wohl kaum erwarten

L   ach du liebe Güte, tut als wär Mode ein Fremdwort für ihn, la mode

I   Repräsentation und werbemäßige Illusion sind beim Thema Mode das hundertprozentige Marketing

K   soso zu I fassen Sie mich nicht an!

H   lachend Wo bleibt die Kollegialität, meine Herren? Sind wir hier im Kindergarten? Wir waren uns doch einig. Wir übernehmen LePoulet. Wir haben eine solide Finanzierung. Einige Märkte haben wir noch lange nicht ausgereizt. Märkte können noch so schwierig sein, unternehmerische Kreativität hat immer ihre Chance. Was haben Sie denn für Bedenken? Die Gewerkschaften? Wir treiben keinen Umsatzfetischismus. Wer nicht flexibel ist, zerbricht. Geschäft ist Geschäft. Wir stylen LePoulet, wir rupfen LePoulet, wir lassen LePoulet schmoren, wir schlucken LePoulet, wir verdauen LePoulet und in ein paar Jahren wird kein Hahn mehr geschweige denn ein Hühnchen nach LePoulet krähen. lacht Das Wichtigste, meine Herren sind die Mittel, finanzielle, kreative und die richtigen Beziehungen, das sind die effektivsten Mittel. Etwas mehr Biss, meine Herren! Pause Meine Herren, Sie wissen: nur der Erfolg zählt.

Während der Markt für Damenoberbekleidung weltweit stagniert, sind bei uns umsatzmäßige Zuwachsraten, die nicht zweistellig sind, unbekannt. Absolut bezifferte sich der Umsatz unseres Unternehmens auf gut hundertfünfzig Millionen im vergangenen Geschäftsjahr. Wir präsentieren uns in allen Modezentren der Welt, nicht weniger als sechzehn Kollektionen verlassen jedes Jahr unser Haus. Dies nur, weil wir unsere Gesamtlagerkapazität allein in Mannheim um über hundert Prozent auf mehr als zweihunderttausend Teile gesteigert haben. Meine Herren, Sie kennen die Geschichte der Veuve Nicole Barbe Cliquot, geborene Ponsardin, aus Reims, die nach dem Tod ihres Mannes dessen Champagner-Kellerei zur Spitzenfirma der Branche machte. Die Mittel sind da, nur nicht jeder hat den Geschäftsinstinkt, sie richtig zu nutzen. Kappa hat Recht, wenn er sagt, das Modegeschäft sei hart, und Iota hat Recht, wenn er sagt, das Modegeschäft sei reine Werbung, Illusion der Schönheit. Und beide haben sie Unrecht, denn das Modegeschäft ist hart u n d schön, es zählen Geld u n d Phantasie. Und Sie Sigma, machen Sie sich nicht ins Hemd wegen der Gewerkschaften. Wir haben da Mittel, Beziehungen. Erst wird expandiert, dann sehen wir weiter. <u>lacht</u> Schön, wenn man sich aufeinander verlassen kann. Das wars für heut <u>macht Zeichen, dass die Subchefs sich entfernen sollen</u>

T   die Stiftung

S   Stiftung?

alle Subchefs eine Stiftung?

T   ja, die Stiftung für - geistig Behinderte

H   _ärgerlich_ Theta, ich glaube nicht -

K   geistig -?

S   stellen wir überhaupt Behinderte ein? seit Jahren zahlen wir lieber die Sonderabgaben

K   ich möchte zu bedenken geben, müssten wir nicht selbst, na - wenn wir jetzt

L   _zu I_ gottvoll! ein Mongi im Modellkleid

I   ich muss da spontan an Meierhofer denken, einmal war ich doch auf einer Party, das kannst du dir -

H   Schluss! Wir haben alle zu tun. _im Gehen_ Übrigens, ich wünsche, dass unser Unternehmen von seinen Mitarbeitern, zumal den Führungskräften, angemessen repräsentiert wird. Wie du kommst gegangen, so wirst du empfangen. Sigma, Ihre Krawatte sitzt schief. Lambda, Ihr Halstuch, tja, Sie wissen schon. Kappa, Ihr Sakko ist doch ein wenig stark abgestochen, die Fasson - schweigen wir besser, Ihre Garderobe, c'est dégoûtant. Und Iota, sagen Sie Ihrem Schneider, dass noch immer ich die Oberdirectrice bin

K   <u>im Gehen</u> dégoûtant? ha! dass ich nicht lache, dégoûtant? ha!

L   <u>im Gehen</u> Barbarei, was missfällt an meinen Halstüchern? chiffon, crêpe de chine

<u>Hildegard B hält Theta zurück</u>

H   <u>zu T</u> bitte versteh mich nicht falsch. aber der Anzug, das müssen Sie zugeben, ist deplaziert, wie ein "Pollack", leisten Sie sich ein paar neue, auf Kosten der Firma.

T   soll ich danke sagen?

H   ach

VIII THERAPIE

Mutter erscheint und wartet.

Stimme des Professors nehmen Sie's leicht

Stimme von Hildegard B wenn's nur leicht wär - in letzter Zeit empfinde ich eine gewisse Leere, bin unsicher geworden

Professor und Hildegard B erscheinen. Hildegard B in neuem Kleid. Der Professor ist nicht mehr der jüngste. In seinen späten Tagen will er noch als Stadtrat kandidieren. Der Professor nimmt sich und das Leben wichtig und ernst. Daher lacht er nie.

P eine Frau in Ihrem Alter

H ich hatte Sie eigentlich fragen wollen - du?

M ich kam hier gerade -

H du lügst

P Sie kennen Ihre Mutter und doch wieder nicht - Ihre Tochter fürchtet Sie

M davon weiß ich ja gar nicht

P warum sagen Sie das? - ich hatte mal einen interessanten Fall: Eine Mutter trieb ihre Tochter in den Selbstmord. Sie kaufte sogar die Schlaftabletten, an denen die Tochter schließlich starb. Sie kaufte die Tabletten, um, wie sie sagte, endlich wieder Schlaf zu finden, und wollte damit zeigen, wie sehr sie sich für die Tochter aufopfere und in welcher Schuld diese bei ihr, ihrer Mutter, sei. Die Tochter als gute Tochter suchte in ihrem Schuldgefühl der Mutter, so sehr sie konnte, zu Gefallen zu sein. In den Augen der Mutter gab sie damit aber ihre Schuld zu, ja sie verdiene die Liebe der Mutter eigentlich gar nicht. Das mag sich verwickelt anhören, aber so sind die Menschen.

Mutter hat zu weinen begonnen.

M   Sie meinen also, ich würde -

P   warum sagen Sie das?

M   Ihnen vertraut sie, aber mir

Mutter weinend ab

H   warum quälen Sie meine Mutter?

P   Ihr Problem ist: wie gesagt, Sie hatten nie einen Vater

H   meine Mutter hat mich nie verstanden, immer eins drauf! und noch eins!

P   weinen hilft

H   weinen, weinen - wenn ich seh, was Sie meiner Mutter gerade angetan haben

P   ich bin Psychiater, ich weiß was ich tue

H   schlimm genug, dass Sie Persönliches als Fälle, als Geschichtchen weitergeben, Dinge, die, wie ich meine, unter Ihre Schweigepflicht fallen müssten -

P   Ihre Schwierigkeiten mit Männer, und dann Ihr - behindertes Kind

H   hören Sie doch einmal zu! wenn ich seh, wie die Menschen sind, tät ich am liebsten verzweifeln

P   Sie verzweifeln an sich selbst

H   "Hier spielt das Leben" - Geseire! soll das alles sein? wer heute nicht an der Welt krank wird, der ist nicht normal - fast scheint mir, es muss Opfer der Verzweiflung geben, damit die Welt wieder normal wird

P   sagen Sie "Ich hasse meine Mutter"!

H   wollen Sie denn nicht verstehen -

P   ich will Ihnen nur helfen. sagen Sie's!

H   das wäre unfair - meine Mutter ist da draußen, und wenn ich ihr etwas zu sagen habe -

P   vertrauen Sie mir "Ich hasse meine Mutter"

H   selbst wenn, brauch ich es doch nicht auch noch zu sagen

P   <u>in Erregung, als handelte es sich um seine eigene Mutterbeziehung</u> "Ich hasse meine Mutter" - "Ich hasse meine Mutter"

H   das ist Menschenverachtung!

P   Hildegard, verschließen Sie sich nicht

H   soll ich meine Bluse öffnen?

P   warum sagen Sie das?

H   eigentlich hatte ich eine Frage, hätte gern einen wirklichen Rat gehört - ich habe Sie fragen wollen, nun will ich nicht mehr

P   Hildegard

H   bitte gehen Sie!

P   aber -

H   gehen Sie

Professor ab. Mutter erscheint sogleich.

M   ist er fort?

Hildegard B nickt nur.

M   du hast ihn fortgeschickt?

H   der kommt wieder

M   verzeih mir wegen vorhin

H   ich hab's nicht so gemeint, du weißt es ja

Hildegard B und Mutter umarmen sich, dabei kniet Hildegard B neben Mutter auf dem Boden.

H   was soll ich tun?

M   ist ja gut

H   jetzt wird alles wieder gut?

M   ja, jetzt wird alles wieder gut

ZWEITE FOLGE

IX PARTY

Partylärm. Nacheinander erscheinen: ZZZ, der Gast und der Professor. Der Gast ist stets heiter.

Z **deklamiert:** Ha, und befahl: schaff's Blut fort, und der Fluss, der Hund, feig wie Hunde so sind, Sie wissen ja, gehorchte.

G der Neckar

P interessant

Z Und weil nun ein Hund einen Herrn braucht, ...

G nicht anders als bei Schafen und anschaffenden Pferdchen

Z ... stellte ihn der Gott, Sie wissen schon, unter Aufsicht eines Wächters. Also wacht der Wächter. Wird ihm die Zeit lang, so erhebt er sich und geht im Kreis, weil er fort nicht darf. Seine Bewegungen sind im Grund nur Schein, und so weit er sich aus Versehn oder Neugier auch entfernen mag, so schnell muss er zurück.

P interessant

G und die, die da alle heut in Mannheim in ihren Fenstern lehnen und verfolgen, was sich auf der Straße so tut, das ist dann der Instinkt, der ihnen sagt, sie sollen wachen, nur wissen sie nicht mehr, auf was

P   dass der Neckar weiterhin in den Rhein fließt -

G   was können Sie von Beamteten denn auch erwarten

P   <u>zu ZZZ</u> Sie scheinen gern zu erzählen, eine hohe Kunst

Z   ich bin Grieche

P   interessant, Griechenland! Athen, Kreta, die Peloponnes -

G   nicht auszudenken, wenn dieser Gott nicht einen Stier geopfert hätte, sondern ein Meerschweinchen - bei dem bisschen Blut würde sich Mannheim vermutlich erübrigen

P   sagen Sie das nicht, man weiß nie - wo bleibt eigentlich Frau B?

Z   auch Grieche, ha?

P   Ich bitte Sie! ich könnte Frau Bs Vater sein. Ich wundere mich nur über ihre Abwesenheit, auf ihrer eigenen Party? Meine Frau, lassen Sie mich das sagen, macht alles in eigener Regie.

G   Frau B hat ein Unternehmen zu leiten

Z   Mannheim!

P   Frau B ist eine wichtige Persönlichkeit in unserer Stadt - ich, um das zu sagen, bin nur einer wie Sie alle hier.

Z   der Himmel aus Milchglas, eine gekippte Schüssel!

G   nur dass ich mich weder im Rotary- noch im Montagsclub umtue, ganz zu schweigen von der Räuberhöhle, dem Trinkwassersparverein oder den Kleintierzüchtern

P   Was wäre Mannheim ohne seine hohe Vereinskultur, frage ich.

Z   der Beton staubt!

P   Wir stehen hier vor einem Verfall der Vertrauensverhältnisse, diese königlichen Kaufleute von früher, die sind am Aussterben, man muss die Ursachen bekämpfen. In seinem Bericht über die Kanonade bei Valmy schrieb Goethe, dass ein neues Kapitel der Weltgeschichte begonnen habe. Spätestens seit dem Herbst 1973 gilt für unsere Zeit das gleiche, die Stadt ist gelinde gesagt bankrott. Ich kann Zahlen nennen: ohne die ortsständische Industrie bei einer Arbeitslosenquote von über acht Prozent -

G   "das freundliche Mannheim, das gleich und heiter gebaut ist"

P   Meierhofer

G   Goethe

P   natürlich

Z   noch stehen die Hochbunker!

P   Meierhofer, ist er da? - nein, Sie können mich doch nicht mit diesem -

G   Entschuldigung - ich bin froh, hier nur Gast zu

sein

Z   wir bauen ein Großkraftwerk!

P   Ich bin wenigstens Mannemer, Sohn dieser - wichtigen Stadt!

G   solchen Zufällen, sie nennen das Ortsständigkeit, sollte man nicht allzuviel Wert beimessen - das ist wie mit den Schneebällen oder den persönlichen Beziehungen: will man sie aufheben, so sollte man sie einfrieren

Z   der Schmutz nimmt zu, er wechselt nur die Farbe!

P   was sind Sie denn für ein Fall, hä?

G   Zet-zet-zet, im Telefonbuch ganz hinten

Z   Doch zu einer Zeit, als Rhein und Neckar sich nicht in Mannheim, sondern viel weiter im Norden trafen als heut, da ging ein Gott übers Land, ...

G   Meierhofer

P   das hatten wir schon, wenn ich Sie in ihrem Redefluss mal unterbrechen darf -

Z   kam an einen Strom, so gewaltig, dass die Ufer der anderen Seite hinterm Horizont versanken. Braun waren seine Wasser, denn Wälder, ganze Länder -

Franz von Hagen erscheint.

F   bin grad recht, wie ich sehe: die Gäste unterhalten sich aufs Beste

P   guten Tag, Graf von Hagen, erfreut, Sie zu sehen

F   Franz Friedrich Raimund Graf von Hagen-Weiler, Cousin von Eduard Erbprinz von Anhalt, nicht verwandt mit Franz Xaver Freiherr von Hagen-Weilach, nein, alles echt.

Z   Franz, mein Freund!

G   Herr Professor sucht deine Exfrau - sie ist nicht da

F   Nicht da? das hält schon an. Es werden mehr und mehr, die sie vermissen. Ich frag mich - ich frag mich, wann man ihr mehr ausgeliefert ist: wenn sie da ist, oder wenn sie nicht da ist.

P   zu F Eine wichtige Frage, man hat eine gewisse Verantwortung, nicht nur in der Kommunalpolitik, wenn ich mal als Arzt reden darf. Der hier, der hier nur Gast sein will, weil er sich für nichts verpflichtet fühlt sehr einfach, wirklich sehr einfach machen Sie sich's - und der hier, der fast möchte ich sagen: narzisstische Giftpilz, Giftreizker, Schönfußröhrling, grünblättriger Schwefelkopf, Speitäubling, ein Fall analsadistischer Regression, diese Herren, ich weiß gar nicht, wie ich Ihnen das -

F   ach du, du Ärmster, lass sie doch - lass dich umarmen

P   Sie haben getrunken!

F   du solltest auch trinken -

P   Herr von Hagen, ich glaube -

F   Franz Friedrich Raimund - äh, komm! - o Hilde wilde, du kennst sie doch

P   Frau B?

F   <u>im Gehen</u> fast hätte ich eine Farm, nein, eine Jacht geerbt, Antinous 11, 31 Meter lang, ganz aus Mahagoni, mit zwei 460 PS Motoren, Doppelschrauben, 25 Knoten schnell, 5 Mann Besatzung

<u>P und F ab</u>

Z   so eine Scheidung verändert den Charakter

G   nicht erst die Scheidung - sowas hängt aneinander, immer hängt eins am andern

Z   ist er schwul?

G   er will Stadtrat werden, den Bloomaulorden hat er bereits

Z   Speitäubling - aber vielleicht hätte ihn mein Projekt interessiert? - nein? war wirklich Meierhofer da?

G   weiht vermutlich wieder einen Behindertenparkplatz ein

Z   Sie fürchten ihn

G   ich? Meierhofer i s t Stadtrat - Frau Bs Parties verkommen, finden Sie nicht? kein Zusammenhocken mehr - Sie selbst kommt nur noch und stellt "Sinn"-fragen

Z   sie hat Recht, wir sollten umdenken, ganzheitlich, die verborgenen Kräfte unseres Selbst, die Informationsenergien unseres Geist-Computers nutzen, wissenschaftlich - meinen Sie nicht, mein Projekt - nein? Frau B ist verstandesreduziert, das ist es

G   es gibt Tiefsinn, Unsinn und Flachsinn

Z   sie hat Angst

G   sie hat Macht, aber keinen Mann

Z   wozu?

G   sie hat ihre mid-life crisis - vielleicht klimakteriell - mit Sinnzwang, das geht vorbei

Z   sie sollte reisen, der Fruchtwassertank, Rebirthing, ich meine ja nur - oder Griechenland! das Licht!

G   sie müsste sich schon selbst zuhaus lassen - und unnötig heiß hat sie's auch hier

Z   wenn verbunkert, dann wenigstens mit Blick aufs Meer

G   Sie sagen es: es ist die Geschichte der Menschen auch nichts anderes als die Geschichte des Festungsbaus

Z   Gräbergestaltung! Fäulnis steigt aus den Gullies auf! aus den negativen Bewusstseinsräumen ...

G Sie sollten sich verdammt nochmal angewöhnen, in ganzen Sätzen statt in Ausrufezeichen zu reden!

Z auch Ihnen täte vielleicht reisen gut

G was Sie nicht sagen? - das ist hier eben so: selbst im Untergrund, wenn man gräbt, tief gräbt, stößt man nur immer wieder auf Beton - Tiefgaragen, Bunkerfossilien, Ur-Beton

Z Mannheim - Betonpalme am Rhein-Neckar-strand!

G wie wär's mit Artischockendips?

Z auch mein Glas neigt so zur Leere

G <u>im Gehen</u> neulich hab ich einen BMW 316i angeboten gesehen

Z <u>im Gehen</u> 316i!

G 16 000 Mark. aber nicht nachrüstbar

Z nicht nachrüstbar!

G vergessen Sie's

X ANONYMER ANRUF

Theta wartet mit Mantel. Das Telefon klingelt. Nach anfänglichem Zögern hebt er ab.

T ja - mich? woher wissen Sie - eigentlich braucht das niemanden etwas anzugehen - was wollen Sie? - mag stimmen - ich streite es einfach ab _lacht_ - Sie machen mir keine Angst, was wissen Sie schon - nein, ich habe Frau B länger nicht gesehen - mich vorbereiten? auf was, wenn fragen darf? - mich? - wer sagt das? ich bitte Sie: ein Missverständnis, wir wollen uns doch nicht - drohen Sie mir? - ein Kollege? - der Aufsichtsrat? - dann lass ich es eben, ich hab's doch nicht nötig - das ist nicht wahr - Sie, ich könnte Sie anzeigen! - woher wissen Sie - ich bin mir keiner Schuld bewusst - ich wollte doch nur - das kann doch jedem - Meierhofer selbst hat mir - wie können Sie - Sie machen mir Angst - darf ich zurückrufen - Ihren Namen, wenigstens - bitte! _hängt ein_ was soll ich hier auch _läuft auf eine Tür zu_ Hilde! _bleibt stehen, weil er sich lächerlich vorkommt_ Hilde _entscheidet sich zu Gehen. bleibt stehen, mit plötzlichem Verdacht_ Hilde? _er geht_

X I KONFERENZ

<u>Die Subchefs im Aufbruch.</u>

S   <u>zu I</u> könnte ich erfahren, welchen Gang die Stiftung gegangen ist?

I   wie bitte?

S   die Stiftung

I   die Idee, Sigma, ist so schlecht nicht, könnte einschlagen; man müsste die Sache, the chose, nur werbewirksam aufziehen, werde meine guten Beziehungen spielen lassen

K   die Stiftung? warum in aller Welt geistig Behinderte, Idioten? gibt es keine anderen "Zielgruppen", frage ich, Arbeitslose oder Hausfrauen? Arbeitslosigkeit - das kann jedem passieren

L   zumal mit Ihnen als Personalchef, Kappa, hui

T   <u>zu K</u> warum nicht gleich Hirntote, Kappa

S   <u>zu I</u> keine Unfallopfer, sowas erschreckt nur, oder, Iota? die Basis einer Unternehmensgruppe wie der unsrigen sind Direktinvestitionen

I   ein Fest, wir könnten ein Wohltätigkeitsfest veranstalten, "Ein Herz für geistig Behinderte" oder so, mit Presse, das kommt an, ich werde mal mit dem Kulturreferenten sprechen, Musiker hätte ich schon an der Hand

K ernstgemeint ich müsste auch wieder mal meine
Frau ausführen

L eine Party? wundervoll! laden wir Iotas Schneider ein, ja, vielleicht führt er uns seine Schere
vor, huch

I don't worry, Frau Direktor sollte wieder wagen,
Entscheidungen zu treffen! sie ist ja kein looser,
Modepreis der Stadt München, Unternehmerin
des Jahres, sie ist Mode Maniac; hingehen und
einen Scheck überreichen, für gute Zwecke lassen wir uns nicht lumpen; wer, wenn nicht wir,
weiß, wie man ein Unternehmen gut repräsentiert, splended illusion; sie überreicht den
Scheck und sagt: "Ich will a l l e Frauen schöner
machen"

K wenn ich was sagen darf: ich verstehe sie gut,
ein Behindertenheim, wer mag das schon sehen;
eines der Erfolgsgeheimnisse unseres Unternehmens ist der p e r s ö n l i c h e Kontakt und
die überzeugende Motivation der Mitarbeiter,
das Betriebsklima muss stimmen: "schön, wenn
man sich aufeinander verlassen kann"; wozu eine Stiftung, frage ich, brauchen wir ein schlech-
tes Gewissen? was ich unserer "Generalin" raten
würde: weiterhin täglich ihren Mann zu stehen,
ohne zu vergessen, Frau zu bleiben

L Frau bleiben, tja, la mode est une cérémonie, wir
kreieren echte Modemarken, Stil ist angesagt,

style, nicht öde Steinzeit, mein Lieber; im Fluss badende Germaninnen sind out, huch; unsere Häuptlingin ist ihre eigene Lohnfrau: Sie kennen die Geschichte der Veuve Barbe Cliquot, geborene Ponsardin, die nach dem Tod ihres Mannes dessen Champagner-Kellerei zur Spitzenfirma der Branche machte, ne?

S   die Basis einer Unternehmensgruppe wie der unsrigen sind Direktinvestitionen; wozu haben wir ein neues Datenverarbeitungs- und Informationssystem mit zentraler Verteilanlage? während der Markt für Damenoberbekleidung weltweit stagniert, sind bei uns zweistellige Umsatz-Zuwachsraten die Norm, der absolute Umsatz betrug im vergangenen Jahr einhundertfünfzig Millionen; wir liefern nach Frankreich, England, Irland, Norwegen, Italien, Syrien, Südafrika, Japan, USA - Holland, Belgien, Luxemburg, die Schweiz, Hongkong, Kanada, Österreich, Venezuela, Ägypten, Finnland, Kuweit ...

T   die Chefin wird schon wissen, welche Strategie sie nimmt; wir verkaufen Mode als Markenartikel für fest umschriebene Zielgruppen; ohne product management und kaufmännische Erfahrung kriegen wir Schiffbruch; Märkte können noch so schwierig sein, unternehmerische Kreativität hat immer ihre Chance; außerdem ist da noch der Aufsichtsrat -

K   vielleicht hilft bei Hildegard Brustmassieren

L   der Personalchef nimmt nun die Sache selbst in die Hand, huch

S   _zu T_ Ihren Streit mit dem Aufsichtsrat - das stehen wir durch

I   das sitzen wir aus, ich kenne das

K   erst wird ra-tio-na-li-siert, dann kassieren wir LePoulet - das ist besser als Sex

L   ach -

S   wir sind geradezu gezwungen zu rationalisieren, man beachte die Konkurrenz, und dann: der Kunde

I   auf die wirklichen Entscheidungen hat man keinen Einfluss, da braucht man sich nichts vormachen; entschieden wird immer anderswo

T   wir führen nur aus

S   wir sind der Geschäftsleitung in Person von Frau B als alleiniger Geschäftsführerin verpflichtet

K   Lady Boss

S   _mit Blick auf T_ es wird wohl seinen Grund haben, dass die Konferenzleitung heute nicht anwesend ist

L   och, die ganze letzte Zeit macht sich unsre Meisterin rar

K   wenn ich Ihnen raten darf, Theta, wir schätzen Sie als aufrichtigen Kollegen, aber Privat und

Betrieb sind, lassen Sie mich das sagen, verschiedene Geschäfte

S   "Geschäfte" - richtig

I   life is life, wir sind alle austauschbar

T   "wenn du einen Freund brauchst, kauf dir einen Hund"

K   Kopf hoch, Theta!

I   sie ist die Oberdirectrice, jemand muss das Sagen haben

T   was soll das?

Das Telefon läutet. Keiner hebt ab.

K   hat die Frau Chef nicht irgendetwas mit diesem Meierhofer?

S   auch die Farbkarten sind jetzt mittels EDV erfasst; meine Kollegen haben nur die Bildschirmauflösung noch nicht im Griff, das Programm ist noch suboptimal

K   ich sollte mir mal, wenn ich das so sagen darf, einige unserer Schlafkranken und Feierkünstler persönlich an die Brust nehmen

L   sieh an, unsere Übermutter! die Bildschirmfarben sind eine Zumutung, verwaschen wie mein Zartseidenes letzte Woche; Schröder und der Kleine vom Schnittdesign beklagten sich schon bei mir

I   there's no relation like public relation, Leute, ich

muss gehen

T   <u>zu S in Racheabsicht</u> Ihr Hemd, Sigma, ist wohl keine Direktinvestition gewesen

S   mein Hemd? kümmern Sie sich mit ihrer kaufmännischen Erfahrung wenigstens um Ihre Krawatten; nennt man das product management? Markenartikel? vielleicht in Polen -

<u>Theta schnappt nach Luft.</u>

K   wenn ich mich mal einmischen darf: Lambda, zu Ihrem Tuch fällt mir nur eines ein: huch!

S   <u>zu I</u> es reimt sich, haben Sie's gemerkt?

L   das finde ich überhaupt nicht lustig, Kappa, der Sie rumlaufen wie ein ungewaschenes Handtuch; das macht wohl der viele persönliche Kontakt; Mode, nicht mōdern; mich motiviert die Nähe unseres Personalchefs nicht gerade überzeugend; ist sein Sakko nicht stark abgestochen, Iota?

I   meine Herren, wenn s i e uns hören würde

K   wer weiß

S   ich habe auf Thetas Anzug einen Fleck entdeckt, da!

I   Schluss, wir gehen!

K   <u>im Gehen</u> abgestochen?! diese Oberschlampe

T   <u>zu K</u> wen meinen Sie?! wen? meinen Sie etwa -

XII BEKENNTNIS

Franz von Hagen, angetrunken und bleich wie der Tod, erscheint. Er macht Anstalten zu onanieren.

F   Hat nun keine Zeit, ist nun nicht zu sprechen, will nun keinen sehen, Hilde, ich weiß ich bin betrunken, ich weiß, Hilde - leicht wie ein verzitternder Vogel ist deine Brust in meiner Hand Hilde, so betrübt? Hilde, die durch die Verzweiflung ging, wie sie sagt, die das Vertrauen verlor, einfach verlor, wie sie sagt; und ich? fiel ich nicht? von Hagen, Teppichverkäufer, auf- und hingeschlagen, frei Haus; und jetzt wechselt sie Männer wie Abendkleider, Rosstäuscherin! abends wenn das Klack-klack deiner Schritte überm Gehsteig vibriert und röter dein Mund - mundus vult decipi, eine Jacht, wenn einer hätt und eine Farm in der Nahe von São Paulo, 70 Quadratkilometer groß, ein eigener Flugplatz, 4000 Gäste könnte man dort bewirten; Theta, Ihr Wagen ist falsch geparkt, ja, Meuchelmolch, sollst ersticken im eigenen Saft! es ist angerichtet, meine lieben Gäste: Steinpilzcremesuppe mit Klößchen und Sahnehaube oder Forellenfilets geräuchert mit Preiselbeersahnemeerrettich, ein Gedicht, wenn ich so sagen darf: goutieren Sie die Filetsmedaillons und - fürwahr delikat - französische Flugentenbrust mit Sauce Cumberland; ich weiß, ich bin betrunken, ich sehe so klar, mundus vult etc. die Welt will getäuscht sein, geblendet, verführt mit Crêpe de Chine oder hier ein Tibeter, ein ganz besonderes Stück, die Presse möge warten und leuchten, die Welt ist feucht, schon stoß ich zwischen die Blätter der Tageszeitungen - die Welt ist leer ohne Hilde, liebe Gäste, der Sommer ließ uns im Stich, der Winter nicht minder; Floridasalat oder doch wieder Waldorf-Astoria, man delektiert, man adoriert; Hilde, die nie da ist, sich versteckt mit dem Kind unserem Kind; glaubst du, der Tod könnte anrufen und nach dir verlangen? ring ring ring, hallo, keiner da? - Gott, bin ich betrunken, aber wer erträgt's ohne zu trinken? wenn nicht der Eine wär, der alles sieht und weiß; ein Wunder, wenn auch er nicht trinkt, er! nicht du, Meierhofer-Speichellecker, Geschwür von Mensch und unnötig wie ein Kropf! nicht der Professor, dieser hausbackene Furz, Verzeihung; nicht die polnische Küchenschabe, Theta mit Namen, diese Krämerseele mit dem Verstand eines Schraubenziehers! auch nicht die Mutter, die so bös ist, so bös; ihr nicht, keiner von euch - Mei-er-ho-fer, was für ein lächerlicher Name! ja, ich habe getrunken; nein, was seid ihr doch schlecht! - Spargel sprießt, Eichel sticht, Wasser fließt - mach hoch die Tür, die Tor mach weit! allein, es fehlt am Glauben! Glaube, Hilde! glaub mir, längst sind unsere Straßen für uns zu groß geworden, als dass wir noch sähen, wo links ist, wo rechts, geschweige denn in welche Richtung es geht; ich sag das nicht, weil ich betrunken bin, nein, 4000 Gäste, ein Holzkohlengrill 150 Meter lang und 2000 Stück Kühe, meine Lieben, wir sind einfach zu klein geworden, Ameisen auf unseren eigenen Straßen, klein vor Schuld vor dem, der uns zertreten mag; was, was bin ich schuldig für die Stunden mit mir allein? ein erweichtes Rückgrat, ein noch weichlicherer Charakter, ring ring ring, wer ist da, wer ist schuld? da wird sein Heulen und Zähneklappern und jeder wird es gewusst haben wollen; haben wir längst gewusst! aus mit Persianerbrücken, aus mit Wachteln provençale, aus mit - na wie heißt, sonst weiß ich doch - egal, aus, aus und vorbei! Mutter, in deine Brüste verbissen, saug ich mir die Hur aus dem Leib, und deine Milch ist warm wie ehedem, Fränzchen, du hast getrunken, ein 1986er Winkeler Hasensprung, Erzeugerabfüllung, oder ein Spätburgunder, ein 1987er Ihringer Fahrenberg; ich hab getrunken, nähme mich sonst einer ernst? wehe! wenn der Beton bricht, so stürzen auch wir! wenn Aids seine Runde gemacht hat und nurmehr die Gesunden sterben und die andern auf ewig dahinsiechen; wenn die Welt endlich ein Testbild im Fernsehen ist und alles nur Schein und leeres Hoffen! Graf von Hagen-Weiler; die Tombola winkt, mein Lieber, drei auf vier Meter, ein Prachtstück, da sollten Sie über große Räumlichkeiten verfügen; Soufflé und Suff wenn ihr hinseht, wenn ihr nur einmal wirklich sehen wollt, dann würdet ihr sehen, würdet se-hen! und das ist längst noch nicht alles: wer will schon wissen? ihr? ihr gewiss nicht; wenn dann unwiderruflich und gewaltig -

<u>Mutter im Rollstuhl ist erschienen.</u>

M   wenn wenn wenn - ist wieder Weltuntergang angesagt?

F   es ist ernst

M   möchten Sie nicht noch - ?

F   nein, ich muss gehen, muss gehen, ein Termin mit dem Spediteur

M   Franz, Sie sind ein guter Mensch

F   ein andermal

M   versprich du nichts

XIII THERAPIE

Theta ist im Kommen, der Professor im Gehen. Der
Professor hält Theta auf.

T   ist sie da?

P   Theta, Sie sehen schlecht aus

T   mir geht es gut

P   Sie sind auf bestem Wege, sich zu übernehmen

T   ich will zu Frau B, einfach hier lang

P   Sie sind krank, überarbeitet, man kennt das

T   Sie sollten Hellseher werden -

P   ich hatte mal einen interessanten Fall: Ein
     Mann, ein tüchtiger Bürokaufmann, kündigte
     immer dann, wenn er befördert werden sollte.
     Er schämte sich nämlich, irgendjemandem vor-
     gezogen zu werden. Bald war die einzige An-
     stellung, die er noch fand, eine Arbeit als Au-
     towäscher in einer Schnellgarage. Doch wegen
     seiner Gründlichkeit wurde ihm gekündigt. Ja
     selbst den Dienst als Messdiener, den er über
     Jahren versehen hatte, musste er aufgeben.
     Denn schwer depressiv, wie er geworden war,
     empfand die Kirchengemeinde seinen Anblick
     als unerträglich. Er starb, als er jemanden davon
     abhielt, sich von der Kurpfalzbrücke zu stürzen,

und dann selber sprang.

T da fiel er wohl eher unglücklich als tief

P lachen Sie nicht!

T wenn Sie nicht lachen können, ist das Ihr Problem -

P Frau B ist nicht zu sprechen

T aber - ?

P ich will Ihnen nur helfen, Theta, Sie laufen in Ihr Unglück; ich weiß, was Ihnen fehlt: der Vater

T mein Vater starb im polnischen Widerstand, also ist er tot - warum ist sie nicht zu sprechen?

P Frau B braucht Unterstützung, eine Therapie, und Sie wissen es; denken Sie nur daran, welche Sorgen Frau B mit ihrem geistig behinderten Kind hat

T Johnny ist kein Kind mehr! e r braucht Hilfe

P wissen Sie, was Verantwortung heißt? haben Sie sich einmal gefragt, ob Sie ihr oder ihm auch helfen können? wissen Sie mit Behinderten umzugehen?

T was heißt behindert, im Moment behindern S i e mich! Hilde und Johnny, das sind wie zwei Seiten ein- und desselben Menschen, Sie machen ein Problem daraus

P ich weiß von Ihren beruflichen Schwierigkeiten,

- ich weiß: andere machen Ihnen die Schwierigkeiten, immer die anderen, der Aufsichtsrat, der
Personalchef, die Kollegen! und was tun Sie?
lieben Sie Frau B? was S i e bereit zu geben?

T   ich weiß was ich tu, das muss mir kein Psychiater erst sagen; ich sorge mich um Hildegard,
schon wegen I h n e n -

P   beruhigen Sie sich

T   ich will mich aber aufregen! hier und jetzt

P   nur zu! ich versteh, dass Sie aufgebracht sind,
und Sie sprechen wie Frau B; aber muss man
nicht manchmal Opfer bringen? - oder, um es
kaufmännisch zu sagen: abschreiben, neu inves-
tieren? - das Geschäft muss weitergehen - warum lässt Frau B Sie wohl nie zu Johnny? mein
Rat ist: nehmen Sie sich etwas zurück! und
dann sind Sie ja noch verheiratet -

T   will nicht wissen, inwieweit Hilde selbst dahin-
tersteckt - ich meine, dass Sie mich für verrückt
verkaufen

P   Sie können sich beruhigen

T   fehlt nur noch, dass dieses Mist Telefon klingelt

P   o die Frau'n

T   Professor, ich kann doch nicht einmal so, ein
andres Mal anders sein? einmal ein Mann, der
liebt, Sie wissen, und dann Fürst Poniatowski

P   Ponia-?

T   polnischer General, ertrunken - dienstlich

P   gehn wir einen Kaffee trinken - der Mann von dem ich Ihnen erzählt habe

T   der sprang und ertrank?

P   lachen Sie nicht! Weil sein Vater im Krieg umgekommen war, glaubte er wie im Wahn, es dürfe ihm selbst nicht besser ergehen, und hungerte sich fast zu Tode. Zugleich behauptete er immer, es gehe ihm gut, er wollte seinem toten Vater ja keine Schuld geben, zumal dieser ja so gelitten habe. Das mag sich verwickelt anhören, aber so sind die Menschen. Theta, sagen Sie: "Ich hasse meinen Vater"! keine Scheu, sagen Sie's. "Ich hasse meinen Vater"

T   wie kann ich - ?

XIV MUTTERLIEBE

Mutter sitzt vor dem klingelnden Telefon. Franz von Hagen, elegant, erscheint. Er will seinen Mantel ablegen, hält ihn dann im Arm. Mutters und von Hagens Aufmerksamkeit bleibt beim Telefonapparat.

F   gehen Sie nicht ran?

M   wartet, bis das Klingeln endet es hört auch wieder auf - Sie sehen nicht gut aus, Franz!

F   was ist mit Hildegard?

M   das geht vorüber

F   wenn dieser Theta nicht wäre

M   man kann sich nicht aussuchen, mit wem man zu tun hat; das beginnt ja bei den eigenen Kindern

F   der Professor -

M   er macht sich geradezu lächerlich

F   Sie hatten nicht wie ich Gelegenheit, ihn kennenzulernen, ich finde, das ist ein lieber, weil trauriger Mensch

M   soso

F   aber Sie haben recht, sein Auftreten neuerdings ist ungebührlich

M   ist es

F   gleichwohl, wie es sich trifft! - Sie, der Professor, ich - wie und warum, das bleibt unbegreifbar

M   wenn die Mütter schuld sind, nennt man es Psychologie - das habe ich gelesen

F   nein, nein, ich meine, es gibt Wissen, mit dem wir nicht leben könnten, wir sind zu klein dazu, wir würden verzweifeln - gewiss, nicht?

M   <u>besorgt</u> Franz, leben Sie noch immer allein?

F   heißt es nicht: eine Mutter ist die beste Freundin?

M   Ihre Familie: Ihr Vater war Schneider in Kolberg, sein Vater und Großvater waren es bereits gewesen. Alle sind sie Schneider, gute Schneider. Zu Ihrem Großvater kamen die feinen Damen aus Berlin angereist, um sich bei ihm ihre Kostüme nähen zu lassen. Und Vater besaß ein kleines Unternehmen - aber der Krieg. - das respektable Haus am Domplatz, ich weiß: ein Flügel stand vor dem Erker im ersten Stock ...

M   das ist vorbei, Franz, unwiederbringbar

F   sagen Sie, Mutter, was will das heißen, ich meine das Gefühl: man gerät irgendwohin, man kennt die, mit denen man umgeht und doch, man weiß nicht, wie einem geschieht: man kommt zu spät, oder an den falschen Ort, oder man fällt und fort ist, was einem wichtig war -

das eigentliche Geschehen begreift man nicht

M   Franz, Franz, der Alkohol

F   ich sollte hinzufügen: man betrachte einmal die Leute, l'entourage, mit denen sich Hildegard von berufswegen umgeben muss: Menschen ohne Familie, ohne Gesicht, die nur aus Kostümierung bestehen

M   eine Familie bedeutet heute nichts mehr, fast bedaure ich diesen Theta - der arme Junge, er zerreißt sich

F   so? wie dem auch sei, mir scheint, am gefährlichsten ist Meierhofer: man trifft ihn nie, so könnte er überall sein; am Ende handelt es sich um einen türkischen Gemüsehändler, der eigentlich Fevzi Özsüzbül heißt, aber eine Deutsche samt ihrem Namen geheiratet hat, und der sein Geld damit verdient, dass er jedes Weihnachten die Türken mit Bussen nach Istanbul karrt, und nun -

M   ich meinte es nicht so, Franz, wir verstehen uns - reicht die Hand

F   die Leute nehmen sich zu wichtig, ist es nicht so?

M   die anderen, sie sehen immer so selbstsicher aus, sie sind Grenzen, hinter die wir nie wirklich gelangen, ich nicht - ich versteh das nicht, sonst war doch Hilde nicht so, so unnahbar

F   ja, auch auf mich wirkt sie verändert, oder genauer: verunsichert; vielleicht hangt das - wenn ich anmerken darf - mit Johnny zusammen, oder Meierhofer?

M wieviel leichter wäre es, alles mit einem Lächeln hinzunehmen, wie dieser Theta

F Christus lachte nicht

M entschuldigen Sie, Franz, wie konnte ich vergessen: Sie sind aus guter Familie - lassen Sie uns bei Kaffee und Kuchen weiterreden

F ich will nicht Ihre Zeit stehlen - ruft nicht noch jemand an?

M Sie können mir erzählen, wie alles kommen wird, etwas Apokalypse

F und Sie erzählen mir von früher, von Kolberg

M essen Sie auch genug, Franz - du siehst immer so blass aus

F schiebt Mutter hinaus jaja - wenn nun gar Meierhofer Johnny aufgestachelt hat?

M Franz!

F ich könnte mich natürlich auch irren, Mutter, ich könnte irren, halte einer diesen Gedanken aus -

M nicht so langsam, Franz

F wir kommen früh genug schiebt schneller

XV RENDEZVOUS

Hildegard B ist dabei , Theta zu verabschieden. Theta verschwitzt. Er zögert zu gehen.

T   ich wollte -

H   möchtest du noch - ?

T   ich -

H   ich habe

T   es ist -

H   wie das letzte Mal?

T   wie das letzte Mal

H holt Drinks.

T   ja

H   ja?

T   du siehst -

H   danke

T   doch -

H   zehnachtundachtzig

T   was ist schon neu

H   Theta

T   was zählt ist -

H   du machst mich ganz -

T   ich finde dich -

H   danke

T   ich wollte -

H   Theta?

T   ja

H   gehört es dazu?

T   was?

H   muss es immer ein Opfer geben, und muss nicht ein Opfer einen Wert haben, sonst ist es keines? ich fühl mich gar nicht -

T   ich versteh nicht. meinst du, ich soll - ?

Winseln

T   da

H   nichts

T   von draußen

H   Theta, du weißt -

T   aber ich - ich

H   das ist lieb von dir

T   lieb! lieb? fünf Minuten scheinen dir wohl - ! besser, ich hätte nichts -

H   nein - weißt du noch?: "wulleh-wu Kardoffle-subb awegg verbrennde Gleeß?" beide lachen

T   ja, wie du in der Küche -

H   du dachtest schon -

T   und dann kam deine Mutter

H   deine Frau

T   so? - nein, meine Frau war damals -

Schweigen

T   ich wollte -

Winseln

T   ich glaub, am besten -

H   noch ist nichts entschieden, und wenn der Auf-
       sichtsrat -

T   "jeder muss für sich" - wie Tschaikowski

H   das ist nicht fair

H   versprich mir -

T   ja

H   bald?

T   ich

H   sagen wir nichts - mir fällt es oft schwer mich
       auszudrücken und dann -

T   "wulleh-wu Kardofflesubb awegg verbrennde
       Gleeß" geht

H   scheiße!

H   hinauseilend Johnny!

XVI FEIER FUR BEHINDERTE

Die Behinderten warten. Unruhe. Einer ruft: "Isch meschd e Rede halde". Andere reklamieren nun, jeder für sich, dasselbe: "Isch meschd e Rede halde". Das Telefon klingelt. Die Behinderten werden still. Das Telefon hört auf zu klingeln. Da hebt das Lachen an. Die Behinderten stimmen in ein gewaltiges Gelächter ein.

Zeitfracht Medien GmbH
Ferdinand-Jühlke-Straße 7
99095 Erfurt, Deutschland
produktsicherheit@kolibri360.de